El desayuno de Yoli

Mariana Vargas
ilustrado por Natalia Vásquez

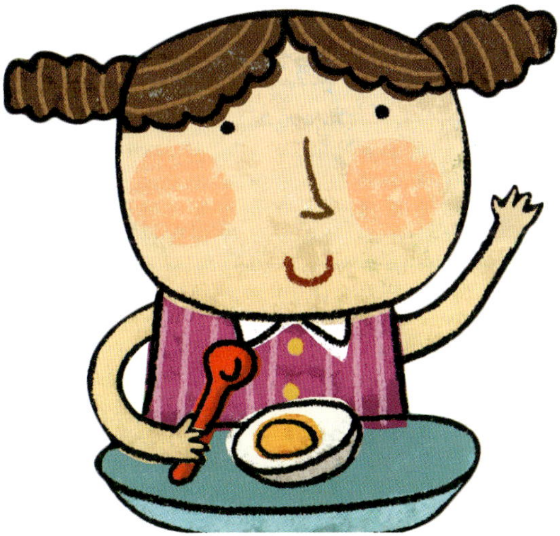

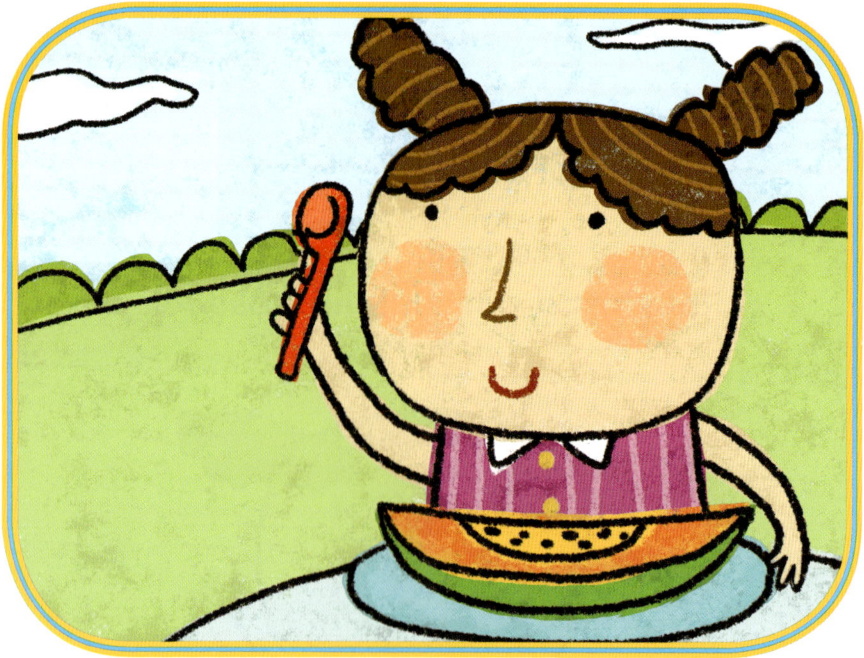

Yoli desayuna papaya.

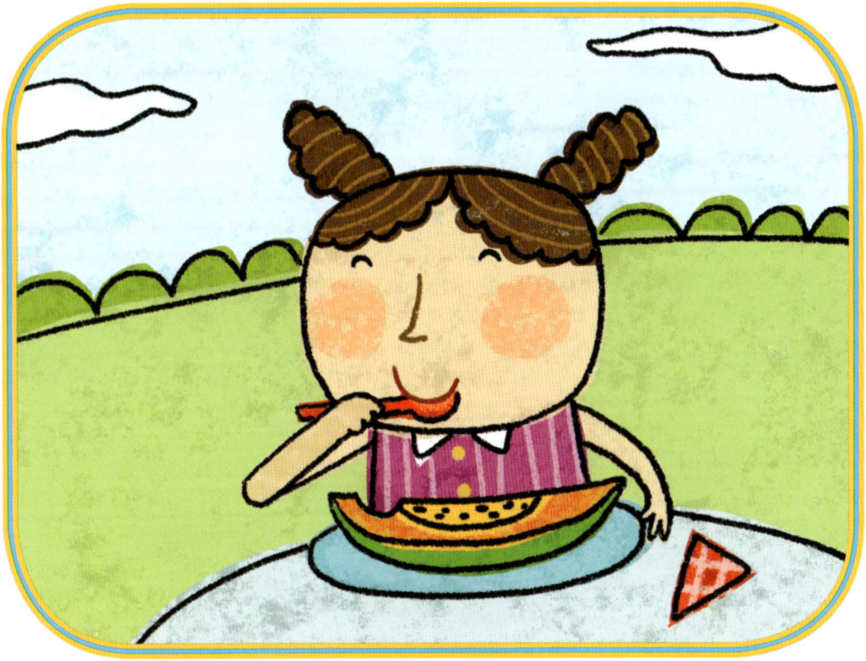

A ella le gusta.

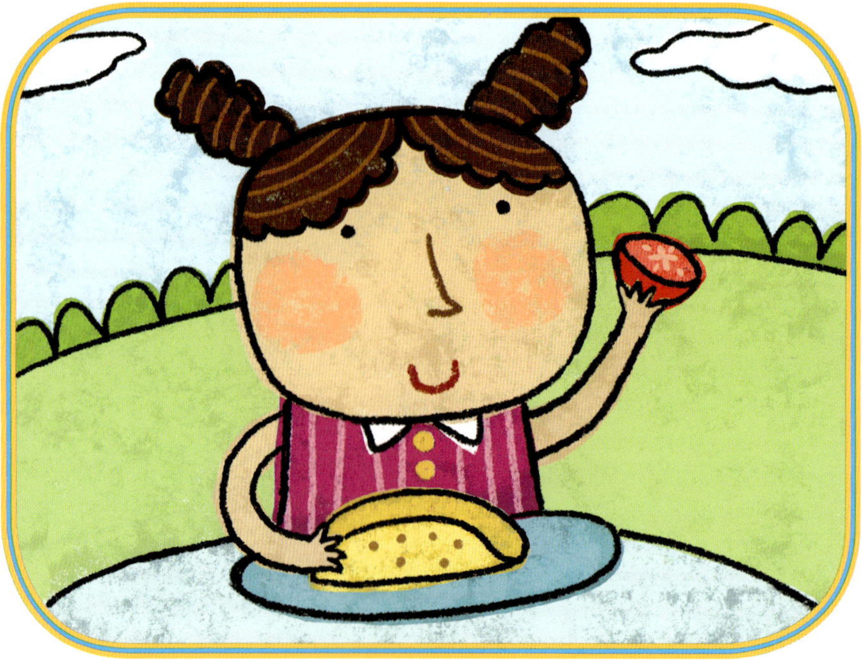

Yoli desayuna tomate.

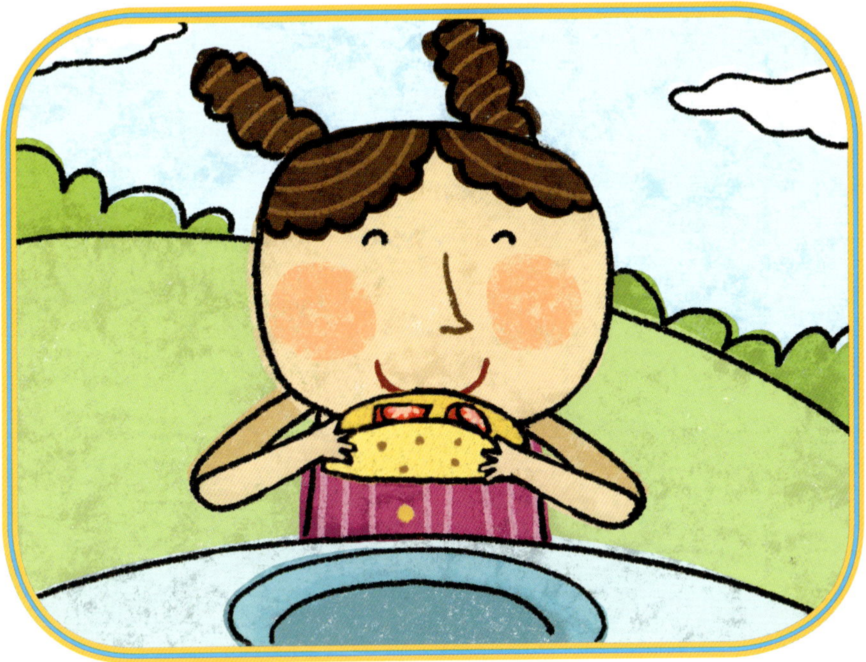

A ella le gusta.

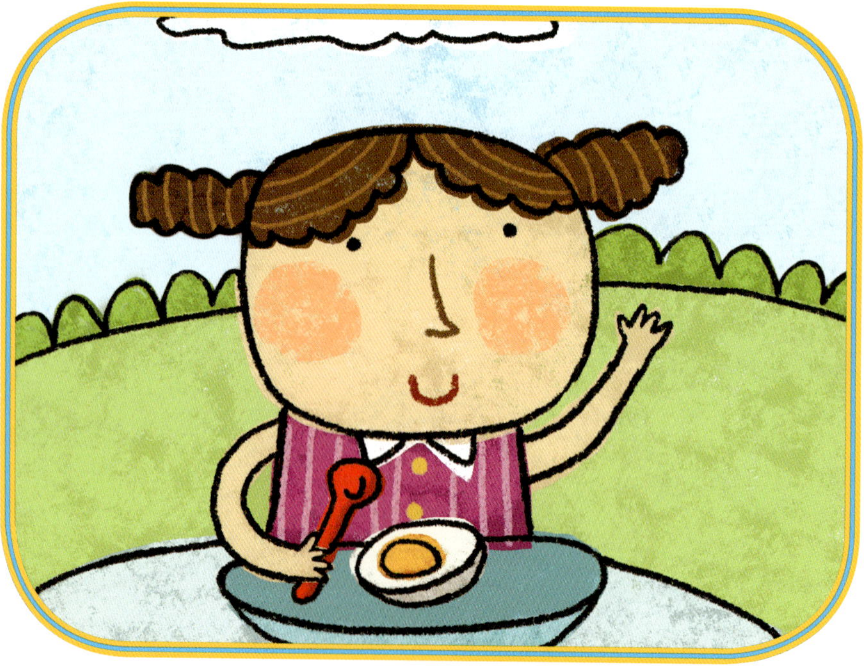

Yoli desayuna yema.

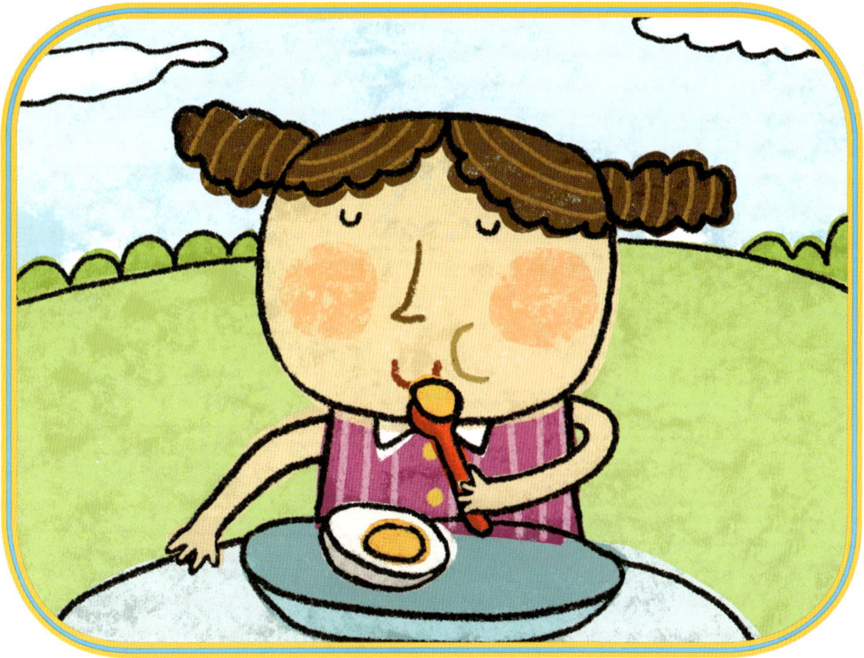

A ella le gusta.

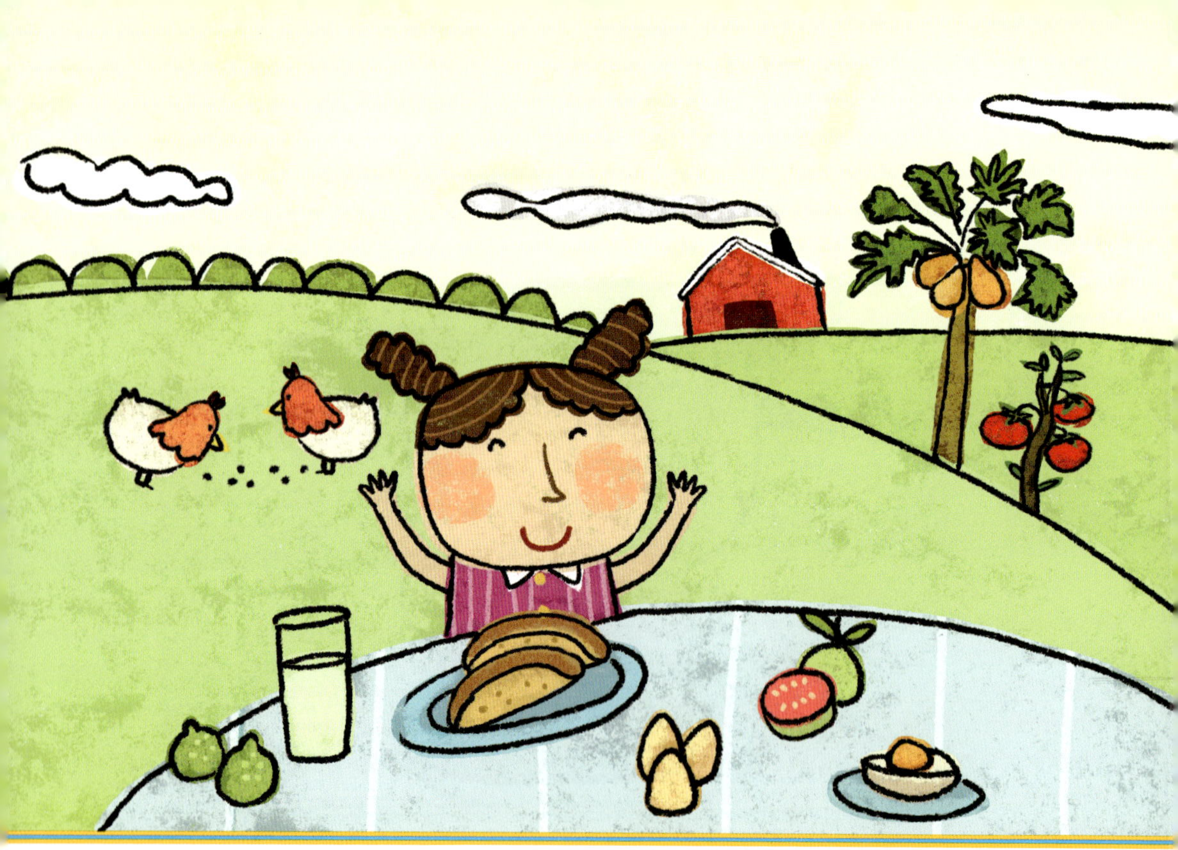

¡Yoli desayuna sano!